TREASURES OF THE BRITISH

This Ticket entitles
to a Sight of the
BRITISH MUSEUM,
at the Hour of *one* on *Wednesday*
the *3* of *march* 1790.
No Money is to be given to the Servants.

最珍贵！
大英博物馆
馆藏珍品

〔英〕马乔里·凯吉尔 著

陈早 欧阳遥鹏 译

北京联合出版公司
Beijing United Publishing Co.,Ltd.

了解人类历史最快捷的途径是什么？答案是参观博物馆。大英博物馆作为世界顶尖博物馆，收藏了最能代表"人类记忆"的珍贵藏品，被越来越多的人关注。

然而，小朋友们能亲身前往大英博物馆的机会毕竟不多。即便去了，每次展览的藏品也有限，能看到的往往是九牛一毛，无法同时领略多个国家、多种文明、多个时间段的珍品。不仅如此，观展时只能走马观花，并没有条件深入了解藏品本身，更不用说知道它们的身世、故事、历史，等等。

这本书正是为了弥补这个遗憾而生的。由大英博物馆出版社独家授权，这本被誉为大英博物馆"无价档案"的珍品收藏录来到中国。小朋友们不需要亲临现场，就可以饱览大英博物馆最重要的藏品；翻动书页，你就可以知道这些顶级藏品背后的故事。这是一场真正意义上的豪华版的纸上博物馆之旅。

本书主要看点

一、馆藏珍品

从罗塞塔石碑到《亡灵书》，从古埃及木乃伊到亚述浮雕……大英博物馆中最具代表性的馆藏珍品，让你一书在手，即可纵览大千世界。

二、图文引导

精彩细腻、华丽眩目的藏品图片均出自专业文物摄影师之手，它们完美地展现了大英博物馆中绝世珍宝的迷人魅力，使小读者如同亲临现场一般。

三、背后的故事

由故事引导去品鉴藏品，通过藏品讲述背后的故事，让小读者在欲罢不能的阅读过程中，揭开一件件藏品背后的未解之谜。

四、你知道吗？

以各章所涉及的历史文化知识为考查内容，可以说是对内容的"加餐"，它不仅诱发"食欲"，更增加"营养"。

五、他是谁？

与藏品有关的重要人物，本书会为你一一介绍。他们是历史的见证者，也是珍宝的发掘者。如果没有他们，我们将无缘得见这些旷世奇珍。

权威、有趣、直观。如同本书中那位了不起的发掘者贝尔佐尼所言，人生中最幸福的时光是"坐在大英博物馆的埃及展厅，看着小门农温和的笑脸"。或许，对于捧得这本书的小读者来说，最幸福的时光应该是：坐在午后明媚的阳光中，领略大英博物馆的稀世珍藏。

目 录

CONTENTS

第一站

古埃及

埃及，一块古老而神秘的土地，吸引着无数的人去探寻。巨大的金字塔、神秘的木乃伊、生动的象形文字都给人们留下了回忆，但4500年前，这里的文明却曾从这片土地上神秘地消失了。它消失的原因何在？它后来又是怎样复活的呢？

敲开古埃及的大门

有一件藏品能帮助我们开启古埃及文明的大门，它就是大名鼎鼎的罗塞塔石碑，被誉为"大英博物馆的镇馆之宝"。这块碑出土于1799年，在一块不规则的花岗岩上面，用两种语言刻下的三段铭文，使它具有非凡的价值。石碑上端的铭文是埃及象形文字，中腰是埃及草体象形文字，底部是希腊文。

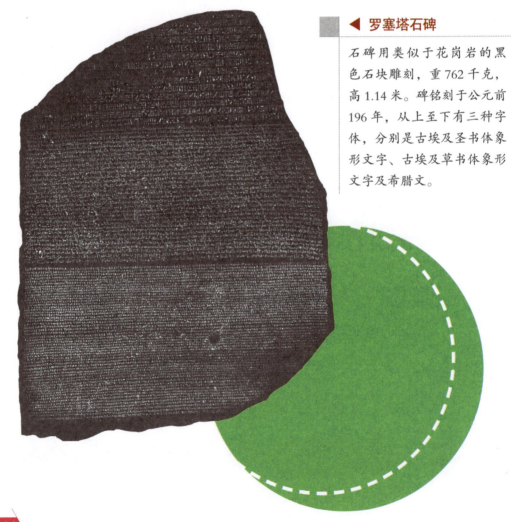

◀ **罗塞塔石碑**

石碑用类似于花岗岩的黑色石块雕刻，重762千克，高1.14米。碑铭刻于公元前196年，从上至下有三种字体，分别是古埃及圣书体象形文字、古埃及草书体象形文字及希腊文。

背后的故事

拿破仑的偶然发现

1799 年 7 月，拿破仑远征军来到埃及，在尼罗河三角洲一个叫拉希德（欧洲人称之为"罗塞塔"）的小村子里拆除一堵旧墙，打通一条直达一座城堡墙基的通道时，偶然发现了这块嵌在墙体内的黑色石碑。

罗塞塔铭文的内容

罗塞塔铭文是写于托勒密五世统治时期（公元前204年～前181 年）的一篇公文。铭文的内容是孟菲斯的僧侣团制定的一条法令。石碑上罗列着国王的头衔，详细规定了僧侣们得到新国王布施的钱和麦子后应授予国王的尊号。

> 为了从现在直到永远都彰显国王的尊贵，要在神龛中放置十顶王冠，再加一条蛇标，但是不要放置已经被供奉在别的神龛中的蛇形王冠。在王冠的中央要放置国王进入孟菲斯神庙行加冕礼时戴着的名为"普施特"的双王冠。在王冠丛周围的方台，以及上述这项王冠的边上，要放置金色权标（主要有 8 枚），此乃统治上下埃及之国王的（神龛）……（希腊语铭文第 43 ～ 46 行）

古埃及文明之谜已被解开，但罗塞塔石碑的魅力仍然不减当年。

他是谁？

让－弗朗索瓦·商博良（1790 ～ 1832 年）

法国历史学家。第一个破解了埃及象形文字之谜。首个重大突破发表于 1822 年，他的一生为古埃及学做出了重大贡献。

法老的荣耀

拥有无上权力的法老究竟是怎样的人物？他又是如何支配庞大的帝国？尼罗河畔残存的珍贵埃及法老雕像，正坐在大英博物馆里，对我们诉说着古埃及伟大文明的故事。

 **背后的故事** ||||||||||||||||||||||||||||||||||||||||||||||||||

双王冠的来历

5500年前的埃及是一个沿尼罗河而生的分裂小城邦，南部为上埃及，国王带白色王冠；北部为下埃及，国王戴红色王冠。直至上埃及的统治者纳尔迈征服了尼罗河三角洲，将两个王国统一为联合王国，经过两次加冕，才佩戴上了罗塞塔碑铭文中所说的红白"双王冠"。

▶ **阿蒙诺菲斯三世的坐像**

这尊坐像大约制于公元前1400年埃及第18王朝时期，在底比斯被发掘出来。这位法老戴着皱褶布料制成的头巾和眼镜蛇王冠，套着假胡须，穿着双腿间垂有牛尾的短裙，这是法老的典型形象。发掘者贝尔佐尼的名字被刻在基座上。高2.9米。

▶ **阿蒙诺菲斯三世的头像**

头像用红色花岗岩制成，竖立在昆斯贝克霍特神庙前。他戴着双王冠，笑容温和可掬。制于埃及第18王朝，约公元前1390年，高2.82米。

他是谁？

阿蒙诺菲斯三世

即阿蒙霍特普三世。是埃及第18王朝法老，图特摩斯四世之子，于公元前1391～前1353年在位。第18王朝在他统治期间达到了全盛。

▼ 拉美西斯二世坐像

巨大坐像的上半部分（曾经被认为是"小门农"），制于埃及第 19 王朝，约公元前 1270 年，是底比斯祭庙中一对坐像中的一个。国王戴着皱褶布料制成的头巾，顶端有眼镜蛇王冠。胸像由一块双色花岗岩制成，以区分头部和身体。高 2.67 米，重 7.25 吨。年轻时的拉美西斯二世姿容俊美，骁勇善战。阿布辛贝神庙的壁上刻满了他率军与赫梯人激战的浮雕，而他和王妃奈菲尔塔利的爱情也成为后人津津乐道的浪漫传说。

背后的故事

四条棕榈绳搬运世界瑰宝

　　拉美西斯二世胸像来到大英博物馆可谓十分不容易，据说来自意大利的冒险家贝尔佐尼当时用了4条棕榈绳来搬运这个世界瑰宝。拉美西斯大帝的胸像是从主像上碎裂下来的，当时正值底比斯最炎热的季节，石头烫得不能碰触。人们用14根杆、4条棕榈绳和4个滚轴组成起重机，并依靠上百埃及工人的人力拖动这尊石像，以惊人的忍耐力完成了这项看似不可能完成的任务。

▲ 搬运世界瑰宝

　　这幅来自贝尔佐尼的《纪事》(1820年) 中的水彩画，展示的是1816年从拉美西姆祭庙拉动巨大胸像至尼罗河的情形。

他是谁？

乔万尼·巴蒂斯塔·贝尔佐尼（1778～1823年）

　　埃及古迹的早期发掘者。贝尔佐尼出生在意大利的帕多瓦城，职业多变，曾做过演员、大力士、水利工程师、埃及学家和旅行家。

金字塔的秘密

　　埃及人是怎样建成金字塔的？这至今还是一个未解之谜。但这个未解之谜能从《莱因德纸草书》这件藏品中看出些许端倪。考古学家们在埃及底比斯的拉美西姆神庙中发现了它，因 1858 年为苏格兰收藏家莱茵德购得，所以命名为《莱茵德纸草书》。

 背后的故事 ⫶⫶⫶⫶⫶⫶⫶⫶⫶⫶⫶⫶⫶⫶⫶⫶⫶⫶⫶⫶⫶⫶⫶⫶⫶⫶⫶⫶⫶⫶⫶⫶⫶⫶⫶

纸草书的内容

　　纸草书的内容分为两个部分，第一部分是一组分数表，包括 84 个数学问题和一段难以理解的话。这些数学问题涉及素数、合数和完全数、几何、算术、调和平均数以及简单筛法等概念，以及对 π 的简单计算。第二部分则包括如何测量圆形、正方形、三角形的面积，用于计算金字塔的高度，以及决定金字塔的坡度。

你知道吗?

Q：埃及金字塔是怎么建成的？

A：目前大家比较认同的说法是：古埃及奴隶利用畜力和滚木，把巨石运到建筑地点，又利用场地四周天然的沙土，堆成斜面，接着再将巨石沿着斜面拉上金字塔。就这样，堆一层坡，砌一层石，一点一点地加高金字塔。

▼ 《莱因德纸草书》（局部）

公元前 1650 年，最早发现于埃及底比斯的拉美西姆神庙中。内容包括测量正方形、圆形、三角形的面积，以及决定金字塔的坡度。该纸草书长 544 厘米，高 34 厘米。大英博物馆的纸草书系列藏品是世界上同类馆藏品中保存最完整的，包括古代文献的大部分种类的样本。

木乃伊

除了金字塔和法老神像外，古埃及木乃伊可能是大英博物馆最知名也最受欢迎的藏品之一了，不同年龄和国籍的参观者都对它们怀有浓厚的兴趣。大英博物馆有大约80具完整或者几近完整的人类木乃伊，但你知道它们都是怎么制作出来的吗？

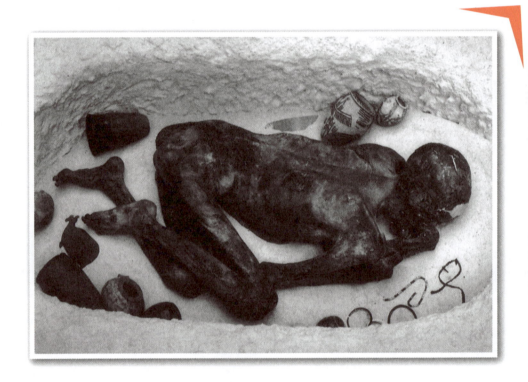

▲ "姜人"

现在可以在大英博物馆看到的这具被称为"姜人"的干尸，是自然干燥法的一个很好的范例。这是一个成年男子的尸体，长（未伸展）1.63米。尸体在5000年前被放入浅墓后快速干燥，从而保存了下来。和它一起埋葬的还有同时期的火石刀和罐子。

背后的故事

自然干燥法和人工干燥法

最早一批被保存下来的尸体（可追溯至约公元前3200年），是自然干燥法的产物。它们被埋在简单的浅坟墓里的热沙中，有时候覆盖兽皮或者席子。沙子吸收了尸体的水分，这样细菌就不易繁殖，尸体也就不易腐烂，能够保存得比较完好。

人工干燥法是首先去除尸体的脑组织和内脏（但不包括代表智慧的心脏），经过干燥处理让尸体脱水，但保持皮肤柔软。用油膏、香料和树脂进一步处理后，再用绷带将它们包裹起来，绷带中可以放置不同珠宝和护身符。经过防腐处理的内脏被放入4个"卡诺皮克罐"中。

▶ **荷露斯四子守护神葬瓮**

作为古埃及人类木乃伊制作过程的一部分，人的内脏被放入"卡诺皮克罐"中，以供来世使用。它们就是保护这些内脏的神——荷鲁斯四子。从左至右：艾姆谢特（肝）、多姆泰夫（胃）、凯布山纳夫（肠）和哈碧（肺）。

你知道吗?

Q：古埃及人为什么要制作木乃伊？

A：埃及人认为人死后，灵魂会回到躯体内复生并进入永恒国度，所以要妥善保存尸体。

"不幸的木乃伊"

最具有传奇色彩的木乃伊大概就是"不幸的木乃伊"了。它是大英博物馆最为知名的埃及藏品之一，实际上是阿蒙－拉神的一名女祭司的木乃伊棺盖。盖板所绘的女性身披一件花卉图案披肩，露出覆在胸前的双手，披肩下所绘的是一组与来世有关的神灵图案。死者具体姓名已难以考证，但从雕饰风格上可断定其出自第 21 王朝（约公元前 1050 年）。

▶ 不幸的木乃伊

"不幸的木乃伊"实际上是来自底比斯的阿蒙－拉神的无名女祭司的木棺盖。它曾被不公正地指责为是造成"泰坦尼克号"和"爱尔兰皇后号"沉没的罪魁祸首。但自从 1889 年在大英博物馆展出后，并无怪事发生。

你知道吗？

Q：从成因上讲，木乃伊属于哪种古尸？

A：人工干尸，"姜人"则属于自然干尸。

◀ 女祭司人形棺

阿蒙神的一个无名女祭司的木乃伊和人形棺。第21王朝，大约公元前1050年，来自底比斯。高1.64米。

▶ 阿特米多拉斯的木乃伊箱

贴有金箔的彩绘木乃伊箱，上面有死者阿特米多拉斯的画像，来自哈瓦拉。约公元2世纪初期。X光扫描显示他死于19～21岁之间。希腊语铭文意为"阿特米多拉斯，再会"。高1.67米。

死亡之歌

《亡灵书》是古埃及人的"度亡经"。作为历史上最古老的死亡之歌，其中记录了大量复生咒语和升天指南。它和死者放在一起，被埃及人称为"白昼来临之章"。这张来自底比斯的第19王朝（约公元前1250年）时期的莎草纸，上面绘有精美插图，是来世生活的指南。还有从第18王朝（约公元前1567年）早期以来，精心挑选出来的约200个字符，意在帮助死者穿越阴间的危险，到达来世。

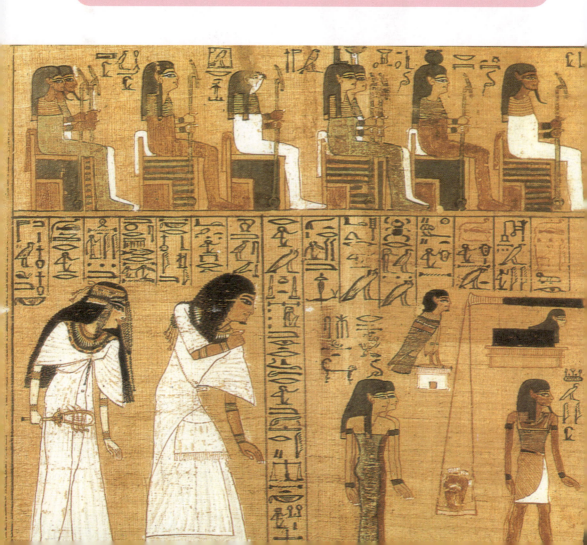

背后的故事

《亡灵书》的内容

　　《亡灵书》第125章讨论了对死者的评判和死者如何才能通过42个鉴定神灵的考验。通过考验的死者会进入冥王奥西里斯的领地，在那里他能够享受在世时所知的一切最美好事物。正是对这种美好生活的强烈的向往，促使古埃及人为求永生而寻找保存身体的方法。

▼ 《亡灵书》中的文段

　　书吏阿尼的《亡灵书》中的文段，表现在众神面前，用真理的羽毛称量心脏。右边是心脏的吞食者阿米特——长着鳄鱼头、狮子的上半身和河马的下半身。来自底比斯，埃及第19王朝，约公元前1250年。宽38厘米。

背后的故事

"古老的米开朗基罗"

　　左页的这幅壁画出土于古埃及一位贵族——内巴蒙的陵墓。内巴蒙是古埃及卡纳克阿蒙神殿的书记，他大约于公元前1350年就给自己墓穴绘制壁画，如今已经成为世界名画，他也被人们赞誉为"古老的米开朗基罗"。

　　在古埃及人的陵墓里经常出现壁画，所描述的是人生后所前往的世界。在那里，他可以继续拥有物产丰饶的美丽田园，可以和家人一起在长满纸莎草的河畔尽情打猎。从画面上，丝毫感觉不到死亡所带来的哀愁色彩。大英博物馆里丰富的绘画艺术，生动地展示了公元前古埃及艺术、工业和工艺上的成就。

你知道吗？

Q：什么是墓葬？

A："墓"指的是存放尸体的地方，"葬"指的是安置尸体的方式。在考古学上，常把它们合称为"墓葬"。因为各地风俗、宗教、观念等方面的差异，形成了不同的墓葬文化。

◀ 内巴蒙陵墓壁画

出土于埃及古城底比斯，约公元前1400年，高82厘米。表现了一名猎人在妻女的陪同下在沼泽猎鸟的场景，画中那只有条纹的姜黄色猫被用作猎犬。

动物神像

古埃及人信仰的神灵众多，如大地之神、河流之神、太阳之神、月亮之神、动物之神和植物之神。这些神灵是有形的，通常会在动物像或动物首人身像上体现出来。古埃及文化以敬猫著称，早在公元前4000年的埃及早期艺术中，就有了猫的形象。即便是到了古埃及的晚期，猫仍然受到人们的敬畏，时常可以在墓室壁画和雕像中出现。

▶ 牛头人身女神哈索尔

祭祀用的雪花石膏头像，高35.5厘米。放置在位于帝王谷底比斯城的哈特谢普苏特女王的神庙中。第18王朝，约公元前1500年。它的眼睛和眉毛上原本镶有水晶和青金石，头上本有牛角和羽毛头饰。

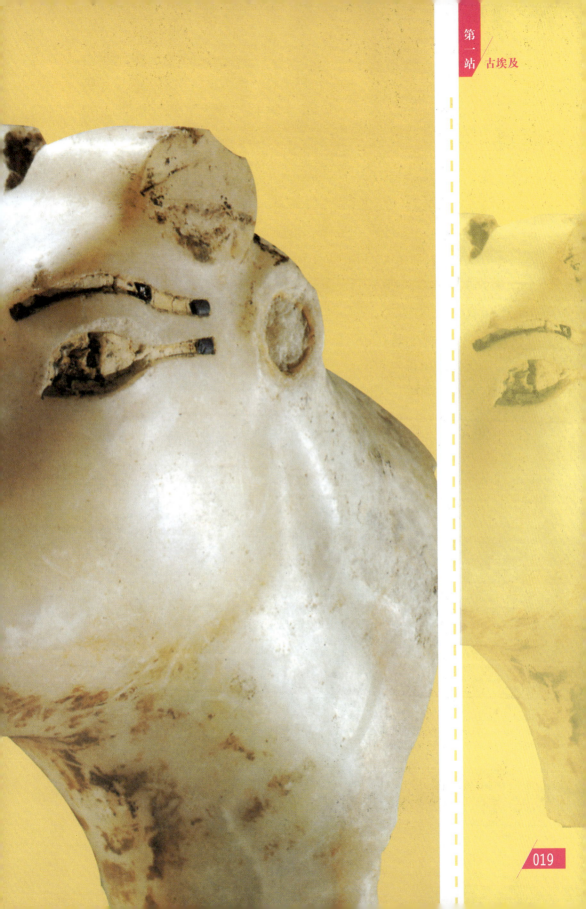

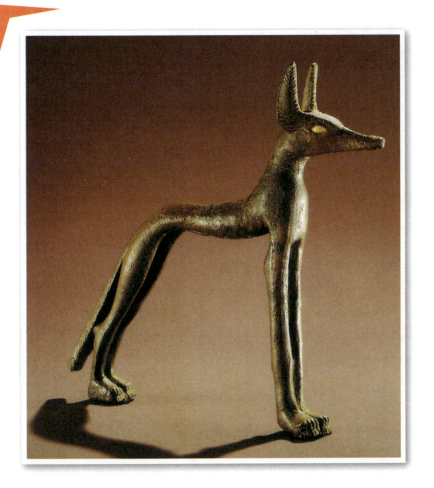

■ ▲ 铜狗像

孟菲斯乔赛尔金字塔内发现的铜狗像，眼部为贝壳镶嵌，奉
献给阿努比斯神。制造于约公元前 600 年，高 19.2 厘米。

■ ◀ 铜制的埃及猫神像

神像脖子上佩戴刻有"荷鲁斯之眼"的铜制饰板，前胸绘有
一只头顶日盘、展翅欲飞的圣甲虫。制作于公元前 600 年。
猫神是贝斯特女神的化身。高 29 厘米。

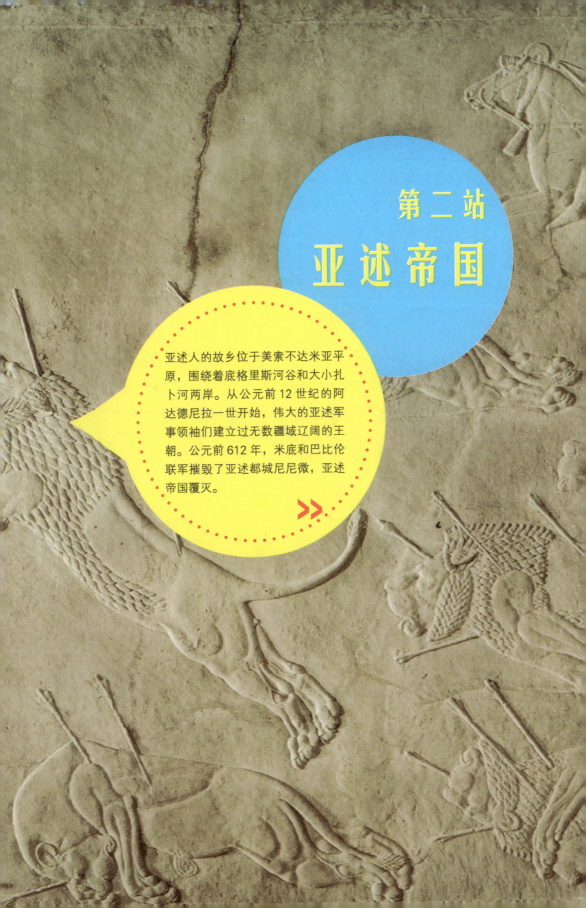

第二站
亚述帝国

亚述人的故乡位于美索不达米亚平原，围绕着底格里斯河谷和大小扎卜河两岸。从公元前12世纪的阿达德尼拉一世开始，伟大的亚述军事领袖们建立过无数疆域辽阔的王朝。公元前612年，米底和巴比伦联军摧毁了亚述都城尼尼微，亚述帝国覆灭。

>>

血腥的狮穴

亚述是世界史上第一个可以称得上"军事帝国"的国家，帝国的历代诸王几乎都是在不断扩张征伐中度过的。因为亚述人在战争中的行为异常残暴，犹太人将亚述都城尼尼微称为"血腥的狮穴"。战争的场景可以从大英博物馆的藏品中看出来。

▲ 《围攻拉吉》

来自尼尼微西拿基立王（公元前705～前681年在位）宫殿的一系列浅浮雕，表现的是公元前701年西拿基立王攻陷巴勒斯坦拉吉城，城中居民面临血腥屠杀的场景。大英博物馆收藏的亚述浮雕是无与伦比的。

▲ 战车和骑兵

浮雕表现的是战场上的亚述战车和骑兵。战败的敌人倒在马蹄之下，而他们的头上正盘旋着秃鹫。

你知道吗？

Q：亚述文化对人类最突出的艺术贡献是什么？

A：浮雕，尤其是浅层浮雕。

国王猎杀狮子

　　在亚述国王巴尼拔的北宫里，人们发现了古代遗物中最出色的动物图样。浅浮雕描绘的是巴尼拔猎狮的情景。我们仿佛可以从浅浮雕中看到巴尼拔和他的随从正出发去狩猎场，马匹的嘶鸣声几乎要震聋他们的耳朵。被关押的雄狮和母狮从木笼里释放出来，它们被铁链拴住的猎犬激怒，立即冲出来，结果却在国王的手中迎接血淋淋的死亡。

▼ 巴尼拔狩猎

亚述国王巴尼拔（公元前 668 ～前 627 年在位）在前面拉弓射箭，两个护卫在后面驱杀一只受伤的狮子。高 1.6 米。

▲ 垂死的母狮

"受难的野兽，它们那么徒劳但却勇敢地哀鸣、抵抗，或在死亡的极度痛苦中抽搐"。高 75 厘米。

◀ 巴尼拔狩猎（局部）

巴尼拔正在战车上射击，他戴着高高的亚述王冠。这是尼尼微王宫中的一段雕刻片段，约公元前 645 年。

你知道吗？

Q：世界上最早的图书馆在哪里？

A：亚述的巴尼拔图书馆。

传说中的大洪水真的发生过吗？

　　《圣经》中的大洪水和诺亚方舟的故事可谓家喻户晓，大英博物馆丰富的楔形文字泥版收藏品中，就有讲述这次洪水的片段。考古学家曾在挖掘中发现了洪水冲刷后的泥土断层，认为这就是《圣经》传说中的大洪水。今天的普遍看法是：那只是幼发拉底河规律性爆发的洪水中最大的一次。

背后的故事 ||||||||||||||||||||||||||||||||||||||

最古老的英雄史诗

　　《吉尔迦美什史诗》是目前已知世界上最古老的英雄史诗，早在4000多年前就已在苏美尔人中流传，在漫长岁月的加工提炼中，以文字的形式流传下来。虽然这部作品有近1/3是不完整的，但从余下的2000多行诗中，人们还是可以深深地感受到苏美尔人对他们伟大英雄的崇拜之情。

你知道吗？

Q：诺亚方舟是什么？

A：诺亚方舟是基督教《圣经·创世记》中提到的一艘船，传说它是根据上帝的指示而建造的。

◀ 洪水碑

　　这是约公元前7世纪的一块黏土碑，高15.5厘米，上面的楔形铭文讲述了《吉尔伽美什史诗》中的一个故事，即神决定让洪水毁灭世界，一个叫乌特纳皮什提姆的人造船带走了各种鸟兽。石碑是英国探险家奥斯汀·莱亚德在尼尼微发掘亚述国王巴尼拔的图书馆时发现的。大英博物馆收藏的15万块楔形文字碑基本上都是19世纪40～70年代在尼尼微发现的。

尼姆罗德神像

1845年，奥斯汀·莱亚德在今天伊拉克的尼姆鲁德（Nimrud）发掘出亚述王的宫殿以及大量神像、浮雕，还找到了巴尼拔的图书馆。《圣经》里提到的伽拉就在这里。大英博物馆里的珍品——人首兽身的门神"尼姆罗德"（Nimrod，《圣经》中称为宁录）的硕大头部，也是在尼姆鲁德挖出来的。

◀ **发掘现场（绘图）**

莱亚德的工人们在一条新挖的沟渠里发现了一尊门神雕塑的硕大头部："快去看，老爷！快去看那些挖土的人！他们挖出了尼姆罗德神。"

背后的故事

"非专业"考古学家的伟大发现

1845 年，原本想当律师的英国人奥斯汀·莱亚德，出于对西亚历史的浓厚兴趣，再加上他那勇于冒险的精神，开始了对尼姆鲁德的考古挖掘和研究。他误以为这里就是亚述曾经的都城尼尼微，并写下了最早的大众考古学专著之一——《尼尼微和它的废墟》，其实这里是《圣经》里提到的迦拉。

▼ **带翼的人首狮身像**

这尊神像出土于尼姆鲁德的阿苏尔纳西尔帕二世宫中，是守门神，缠绕在头上的头巾表明了它的尊贵身份。公元前 865 年。

你要这些石头干吗？

在尼姆鲁德发掘出的大量神像和浮雕，跨过印度，穿越南半球辽阔的海洋，最终被置于大英博物馆。当地的阿拉伯人对此行为大为不解。部落首领谢赫·阿卜杜·拉赫曼充满疑虑地问莱亚德："请你以最高神的名义告诉我，你要这些石头干吗？为这些玩意儿花了这么多钱！你们的人能像你说的那样从这些石头里得到智慧吗？"他不知道的是，大英博物馆因此获得了令人叹为观止的、完整而丰富的亚述文物。

◀ 伊什塔尔狮座

这是支撑伊什塔尔·贝利蒂·玛提（土地之神）神庙拱门的对狮中的一座，发现于尼姆鲁德。公元前880年，高2.71米。和其他在土地下埋藏千年、无人知晓的奇异雕像一样，它曾装点过亚述王宫，接受过无数人的顶礼膜拜。

背后的故事

给新娘的礼物

　　莱亚德在 1869 年结婚时，将挑选出的亚述和巴比伦印章串成项链、手镯和耳环赠予新娘。据莱亚德夫人记述，1873 年夫妇二人同维多利亚女王一同进膳时，这串项链"备受瞩目，在御前传看"。

▶ 亚述和巴比伦印章

由亚述和巴比伦印章串成的项链、手镯和耳环。

◀ 亚述浮雕

来自西方的外国人将猩猩献给亚述王。发现于尼姆鲁德的阿苏尔纳西尔帕二世王宫。公元前 865 年，高 2.8 米。

尼姆鲁德的象牙制品

　　1951 年，一支考古队在尼姆鲁德发掘出一系列美丽的象牙制品。当时，象牙主要来源于战败的城邦的进贡，或者是通过商品交换流通进来。象牙主要被用作平民的家居装饰品，但有证据表明，宫殿的墙上也曾镶嵌过象牙浮雕，还有些被制成了日常生活用品，比如调羹、梳子等。

背后的故事

枯井里的发现

　　1951 年 4 月，一支英国考古队在勘察阿苏尔纳西尔帕西北皇宫的东翼宫殿时，发现了一口枯井。井深达 25.4 米，里面塞满了以前的人们扔下去的古旧物品。考古队继续向下挖掘，但是挖掘过程异常艰险，因为井中不断地有水渗出，并随时有崩塌的可能。在挖掘人员的坚持下，一系列美丽的象牙制品才被发现。除了"窗边的妇人"，发掘品中还有狮身人面、长着双翼的斯芬克斯神雕像以及狮子像、蜷缩着的牛犊像等。

◀ 窗边的妇人

一个身着埃及服饰、头戴埃及假发的妇女，在凹窗前向外张望，表现的也许是对富裕女神阿叙塔的无限崇拜，也许是扮演女神的女祭司。约公元前8世纪末期，高8.2厘米。

◀ 雌狮咬伤了一个非洲人

　　1953 年，考古队在阿苏尔纳西尔帕西北皇宫的一口枯井里发现了一对象牙，它们也许是在公元前 612 年由一个遭抢劫的人丢在枯井里的。象牙表面上有一部分曾经覆盖着黄金叶子，并且镶嵌着玛瑙和天青石。男子的头发单独用象牙钉固定，背景上遍刻着华丽的埃及百合和纸莎草，蓝色和红色的宝石镶嵌其中，交叠成行，看上去犹如在风中摇曳的花朵。这是一种腓尼基风格。不过整体的创作主旋律还是古埃及风格。制于约公元前 8 世纪，高 10.2 厘米。

第三站

乌尔

在巴格达以南 220 千米、离波斯湾源头 160 千米的地方，曾经坐落着一个辉煌富饶的城市。著名的幼发拉底河流经这里，它就是世界上最古老的城市之一——乌尔。

>>

苏美尔文明

底格里斯河和幼发拉底河中下游，通常称作美索不达米亚（希腊语意为"两河之间的土地"）平原，这个地方是古代人类文明的重要发源地之一，创造了举世闻名的两河流域文明。两河流域文明由苏美尔文明、巴比伦文明和亚述文明组成。乌尔就是苏美尔人的一个著名城邦。

 背后的故事

乌尔的兴盛与衰落

文明很早就来到了底格里斯河和幼发拉底河之间富饶的土地上。早在公元前4000年，在这里定居下来的人们就能够手工制作优质的彩陶，使用不同的工具以及驯养动物。从大约公元前2800年到公元前2370年，苏美尔人的神权政治国家乌尔达到全盛时期。公元前2110年，在乌尔第三王朝的乌尔纳姆及其继任者们的统治下，苏美尔文化复兴，并持续了一个世纪，直到以暴力结局收场——乌尔被埃兰人和亚摩利人联合洗劫，后相继被古巴比伦、喀西特、亚述、新巴比伦和波斯占领。公元前1世纪幼发拉底河改变流向，随着河流的干涸，乌尔城被废弃了——"猫头鹰在古塔庙的洞中垒窝，胡狼也找到了藏身之处"。

◀ 乌尔军旗或者乐器

调查工作的领导人伦纳德·伍莱认为此物可能被放在杆子上作为旗帜，但是现在认为它是一件乐器的共鸣盒。盒子另一边描绘了苏美尔国王享受和平的欢乐。高20.3厘米。

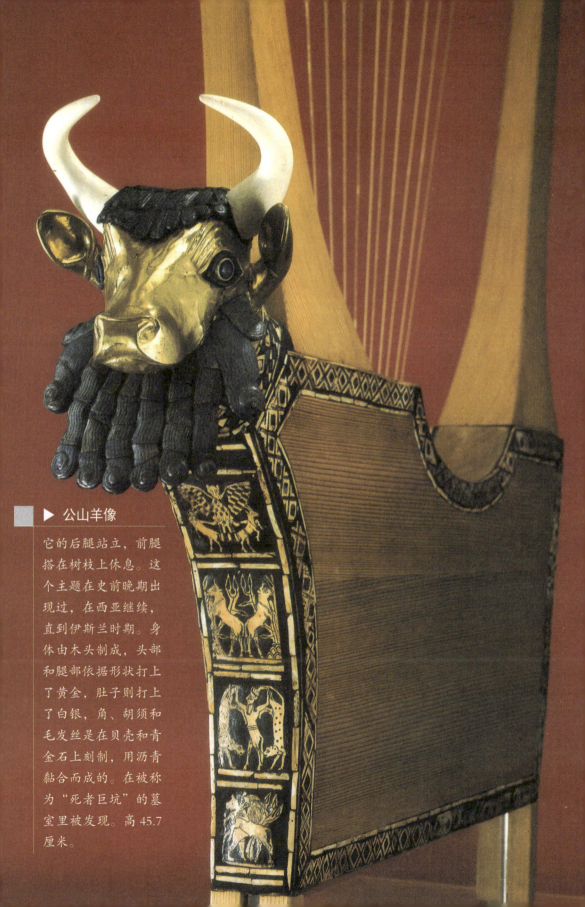

▶ 公山羊像

它的后腿站立，前腿搭在树枝上休息。这个主题在史前晚期出现过，在西亚继续，直到伊斯兰时期。身体由木头制成，头部和腿部依据形状打上了黄金，肚子则打上了白银，角、胡须和毛发丝是在贝壳和青金石上刻制，用沥青黏合而成的。在被称为"死者巨坑"的墓室里被发现。高45.7厘米。

伍莱进行的发掘

乌尔这个古老城市在沙漠中被掩埋了超过半个世纪之久，直到人们开始对苏美尔人的早期历史产生兴趣。1922年，在英国考古学家伦纳德·伍莱的领导下，大英博物馆和宾夕法尼亚大学博物馆在这里开展联合考古调查。发掘于同年开始，此后持续了13年，陆续出土的珍品震惊了世界。这些珍品现分别存于伦敦、费城和巴格达。

 ▲ 发掘现场

这个完全发掘出来的墓穴，显示了伦纳德·伍莱当时的热情、勤奋的发掘工作曾经达到的深度。墓穴底层的年代是公元前2900～前2800年，楼梯脚的空地引向"洪水沉积区"。

▲ 黄金进食杯

来自"普阿比坟墓"中的黄金进食杯。墓的女主人普
阿比躺在木制棺材架上,她的手边摆着一个金杯,其
上半部隐藏在各种颜色的珠子中。"高 12.4 厘米。

◀ 里拉琴

带金牛头的里拉琴,装饰着青金石,在普阿比墓中发现。
牛角是现代修复的。高约 106 厘米。

你知道吗?

Q:乌尔王陵发掘的古物基本分藏在哪三个博物馆?

A:大英博物馆、宾夕法尼亚大学博物馆、伊拉克国家博物馆。

王陵的宝藏

伦纳德·伍莱的发掘超乎寻常的复杂，遗址非常大，即使劳动力一度达到 400 人之多，也只够整理其中一小部分。王陵中宝藏的品质却让人无可置疑。在一个其局部被尼布甲尼撒（公元前 605～前 562 年在位）的城墙覆盖的地区，伍莱发掘了 1840 个坟墓，大部分属于早王国时期（约公元前 2800～前 2370 年）。在平民简单的墓穴之下埋葬着乌尔的贵族阶层及其无与伦比的陪葬品，时间可推至公元前 2500 年，比基督教先知亚伯拉罕所处的时代早 1000 多年。这些陵墓于 4000 年后重见天日。

▼ 乌尔陵墓的复原图

"打开的墓穴下面，地面和墙上都铺着席子，空旷，没有家具，却有一队人。侍女穿着色彩明亮的华丽服装，戴着用金银、玛瑙、青金石装饰的头饰；军官戴着分辨他们军衔的徽章；乐师背着竖琴和里拉琴。沿斜坡向下有公牛拉的双轮车，驾车者在车上，马夫拉着公牛头。"A. 福雷斯蒂尔根据伦纳德·伍莱的发掘记录画的复原图。

背后的故事

集体埋葬之谜

在一个称为"普阿比坟墓"的墓室里，发掘者们惊奇地发现，"国王"身边有65个人，"王后"身边有25个人。在另一个称为"死者巨坑"的墓室里，有更多尸体被发现。在一个长8.1米、宽7.2米的空间里有74具尸体：6个仆人、4个女竖琴师和64个其他女人。她们都穿着鲜红色的衣服，上面装饰金银、青金石和玛瑙。这种群体埋葬的原因是什么？伦纳德·伍莱认为他们是被召来为乌尔的统治者的来生服务的。尸体的直线排列也显示在他们被永久留下来之前，是做过有条不紊的安排的。伍莱认为他们在自愿走进墓穴之后，吃了可以导致死亡或者睡眠的药物。

▶ **黄金头饰**

随着发掘工作的继续进行，陪葬更丰富的陵墓出现了。在这些遗址中发现了做工独特的精致的黄金头饰和玛瑙、青金石项链。在"死者巨坑"中发现。早期苏美尔，约公元前2500年。高（头部）63厘米。

你知道吗？

Q：英国著名的侦探小说家阿加莎·克里斯蒂以这次发掘为背景创作的侦探小说是哪一部？

A：《美索不达米亚谋杀案》（又名《古墓之谜》）。

第四站

古希腊

公元前 2000 年，古代希腊文明开端于爱琴文明，以巴尔干半岛、爱琴海诸岛和小亚细亚沿岸为中心，在地中海地区建立奴隶制国家，成为西方文明的发源地。公元前 800 年到前 146 年，希腊处于城邦文明时期，创造了很多灿烂的文化，尤其是在建筑和雕刻上成就卓越。

>>

古希腊神话的最佳证明

希腊文明源于古老的爱琴文明，它们是西方文明的始祖。在原始时代，人们对自然现象，对人的生死，都感到神秘和难解，在他们的想象中，宇宙万物都拥有生命。而在多利亚人入侵爱琴文明后，因为所生活的希腊半岛人口过剩，他们不得不向外寻拓生活空间。这时候他们崇拜英雄豪杰，因而产生了许多人神交织的民族英雄故事。这些神话传说和英雄故事也体现在古希腊的陶器和雕塑等艺术作品中。

◀ **黑色图案装饰颈部的双耳细颈罐**

罐身的图案是阿喀琉斯正在特洛伊城与亚马逊女战士之王彭特西勒亚搏斗。最新版本的传说显示，这位英雄在杀戮对手的过程中爱上了她。这个陶罐带有绘画者兼陶匠艾克塞基亚斯的签名，约公元前540年在雅典制造，后在意大利的武尔奇被发现。高41.2厘米。这个希腊花瓶于1772年被英国的威廉·汉密尔顿爵士购入，被收入爵士在意大利南部收购的系列藏品之中，该系列是世界上规模最大、最为全面的一次收藏。

◀ 正在绑弓弦的阿波罗

模仿失传于公元前200年的希腊风格制作的雕塑。高23.08厘米。1792年在希腊西北部的帕里米亚发现的青铜贮藏品中的一件，由理查德·佩恩骑士遗赠给大英博物馆。

你知道吗?

Q：在希腊语里，阿波罗是什么意思？

A："光明"或"光辉灿烂"。

古希腊建筑的典范

公元前 5 世纪中期，古希腊最重要的城邦——雅典的国力达到了顶峰。与波斯的战争结束后，伯利克里统治下的雅典领导着大部分希腊城邦，并从它们那里接受贡品。为感谢神恩，约公元前 448 年，雅典人决定为雅典娜建立一座伟大的神庙。雕刻家菲迪亚斯负责总体监督整个方案。建筑采用多利克柱式，用距雅典 10 公里的潘泰列克山的白色大理石建造。

▼ 雅典卫城

在雅典城内矗立着一座平顶岩石丘，古代的雅典卫城（或叫"高城"）——一个堡垒和宗教中心就坐落在这里。最重要的建筑物是公元前 447 ～前 432 年间建造的献给雅典娜的帕特农神庙。神庙一直完好保存到约公元 5 世纪。在之后将它改建成一个基督教堂的过程中，很多雕像都丢失了。1687 年发生的一次爆炸使神庙遭到进一步破坏。

你知道吗?

Q: 古希腊的建筑最基本的构件是什么?

A: 柱式，它决定了建筑风格，也是古希腊建筑的一大特色。多立克柱式是希腊古典建筑的三种柱式中出现最早的一种，约出现在公元前 7 世纪。与纤细秀美的爱奥尼柱式、华丽美观的科林斯柱式不同，多立克柱式粗壮庄严。多立克柱式没有基柱，整个柱子直接蠡立在建筑物的台基上面。柱子看起来非常粗壮，从下往上柱身逐渐变小，表面刻着垂直平行的浅凹槽。柱下部约占全柱三分之一的地位槽纹很浅，几乎是平的，往上越来越深。柱头的设计简单，一般由圆盘和柱冠构成，没有华丽的装饰。

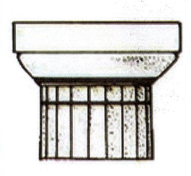

▲ **多立克柱式、爱奥尼柱式、柯林斯柱式**

三种柱式各有自己强烈的特色。其中，多立克柱式和爱奥尼柱式可以说是分别典型地概括了男性和女性的体态与性格。

帕特农神庙的雕像

除了完美的建筑本身，帕特农神庙还因拥有许多上色雕像而闻名遐迩。神庙的四周都有山形墙，东边的山形墙描绘了雅典娜的诞生，与其相对的一端是雅典娜和波塞冬争夺阿提卡之地。这些雕塑都出自古希腊最伟大的雕刻家菲迪亚斯之手。

▲ 德墨忒尔女神

东边山形墙上的雕像描绘了雅典娜的诞生。约公元5世纪，当神庙被改建成基督教堂的时候，超过半数的雕像都丢失了。剩下的很难识别出来，这些可能是德墨忒尔女神和她的女儿珀耳塞福涅。高1.6米。

你知道吗？

Q：帕特农神庙因何得名？

A：帕特农神庙是供奉雅典娜女神的最大神殿。帕特农意为"处女"，是雅典娜的别名。

背后的故事

雅典的守护神

在帕特农神庙里，原来还供奉着一尊高达 12 米的雅典娜女神雕像。神像设计灵巧，可以搬动或转移隐蔽。这尊神像的来源还有一个有趣的传说。

在古希腊的神话中，雅典娜和海神波塞冬争夺雅典的守护权。宙斯决定：谁可以给人类一件有用的东西，雅典就归谁。波塞冬用他的三叉戟敲了一下这个城的岩石，一匹战马破石而出，这是战争的象征；雅典娜则用她的长矛敲了一下岩石，岩石上长出一株油橄榄树，这被人们认为是和平的象征。结果，雅典归了雅典娜，从此她便成为雅典的守护神。希腊首都雅典就是以雅典娜的名字命名的。

不幸的是，这座由古希腊最伟大的雕刻家菲迪亚斯制作的艺术珍品，在公元 146 年被东罗马帝国的皇帝掳走，在海上失落了。

▲ 斜倚的男子

东边山形墙上的雕像，斜倚着一张动物皮的男子——可能是狄厄尼索斯倚在豹皮上或者是赫拉克勒斯倚在狮子皮上。高约 1.3 米。

古希腊墙面浮雕

　　帕特农神庙浮雕的精美和丰富不亚于其雕像。神庙中有一条堪称是希腊浮雕杰作的浮雕带，长达 160 米，其主题是大雅典娜节游行庆祝活动：一个拥挤的队列——六七个并肩的骑手、车夫、提着水罐或者赶着动物去献祭的年轻人、拿着祭碗的女孩、游行典礼官，全都向着众神和英雄集结的地方行进。

▲　**北边雕带的骑手**

北边雕带距地面 12 米，表现的是一个盛大的行进队伍——几个并肩的骑手、车夫、提着水罐或者赶着动物去献祭的年轻人、拿着祭碗的女孩、游行典礼官。

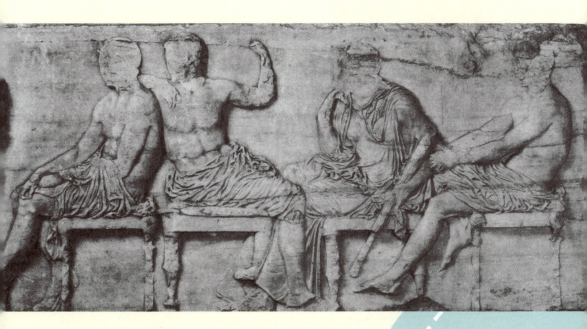

▲ 一组坐着的神

东边雕带的中间部分浮雕表现的是一组坐着的神。从左至右：赫尔墨斯（神使）、狄厄尼索斯（丰收之神，尤其是酒神）、德墨忒尔（农神）和阿瑞斯（战神）。高约1米。

他是谁？

宙斯：希腊神话中最高之神，克诺诺斯和瑞亚之子。

阿瑞斯：战神，宙斯和赫拉之子。

巴克科斯：酒神，又称狄厄尼索斯，宙斯和塞墨勒之子。

塞勒涅：月亮女神。

神庙遭到破坏

公元 5 世纪后，神庙开始遭到不同程度的损坏。它被改建成了东边具有突出的半圆形室的教堂，一些雕带被移走了，许多墙面被人为破坏。最严重的破坏是在 1687 年，在威尼斯人的围击下，神庙中的一个土耳其火药库爆炸了。后来它又遭到寻找纪念品的人的破坏，为了满足他们的需要，当地民众将雕像砍成可以徒手带走的碎片。建筑商发现用烧过的雕像可以做出质量很好的水泥，这使雕像遭毁灭性的破坏。

▼ 被损坏的战马头像

东边山形墙上拉动塞勒涅（月神）战车的马的头部。在山形墙上，疲倦的动物拉着的塞勒涅战车以极端的角度沉入了俄克阿诺斯的水中，与西边升起的太阳神赫利俄斯的饥渴的野兽形成对比。长 77.8 厘米。

背后的故事

被误解的"盗窃者"

　　神庙遭到破坏后，一支由英国大使额尔金所领导的队伍开始搬移工作——包括 157 米长的雕带中的 74 米雕塑、92 个墙面中的 4 个雕塑、帕特农神庙的山形墙上的 17 个雕塑、伊瑞克提翁神庙的一个女像柱等。

　　诗人拜伦曾经抨击过额尔金，指责他是"一个'苏格兰盗贼'，他使英国蒙耻"。但也有一些人持不同意见，认为他被世人误解了，因为他卖给大英博物馆的那些雕塑的条件和规模，完全足够抵消所有他造成的破坏。额尔金在给前秘书的信中写道：

> 　没有人比你更了解，引导我去希腊远征的动机，完全是为了通过希腊雕塑和希腊建筑艺术，让英国——并通过英国让整个欧洲——得到最为有效的知识和改进的方法。

　　在这一点上，额尔金令人钦佩地成功了。从那时起，数百万人去大英博物馆观看额尔金大理石雕，它们是希腊文化最有效的使者。

▼ 第七代额尔金伯爵托马斯·布鲁斯（1766～1841年）

作为英国驻土耳其帝国的大使，他从帕特农神庙为英国带回了雕塑系列收藏品和其他古典遗物。额尔金最初的意图是通过绘图和制模改善自己国家的艺术，当发现雕像遭到不断破坏的时候，他改变了计划。由 G.P. 哈丁绘制，约1795 年。

你知道吗？

Q：帕特农神庙以哪种风格的柱式为主？

A：它以多立克柱式为主，又融合了爱奥尼柱式，显得刚中带柔。

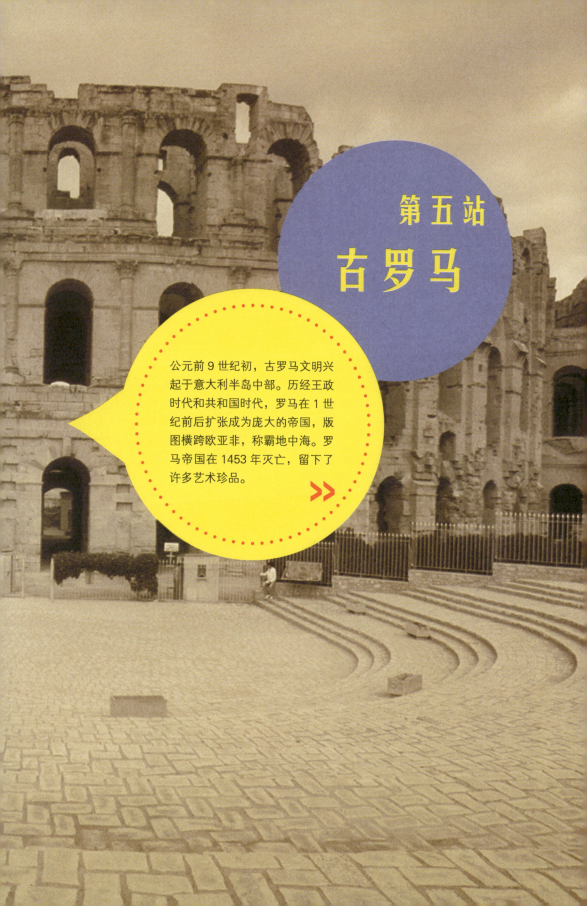

第 五 站

古罗马

公元前 9 世纪初，古罗马文明兴起于意大利半岛中部。历经王政时代和共和国时代，罗马在 1 世纪前后扩张成为庞大的帝国，版图横跨欧亚非，称霸地中海。罗马帝国在 1453 年灭亡，留下了许多艺术珍品。

古希腊文明的继承者

希腊被罗马帝国征服后，西方的文化艺术中心由希腊转移到了意大利的早期城市。罗马人开始对希腊的雕塑进行大量的复制和学习，罗马虽然征服了希腊，但在文化上却被光辉灿烂的希腊文化所征服。地中海文明不但没有在历史中被淹没，反而绽放出更加绚烂的光彩。

▲ **安提斯提乌斯·萨库罗和妻子的浮雕肖像**

安提斯提乌斯·萨库罗在战神祭司的阿尔班学校当过校长。该校是一个由出身高贵的罗马人组成的团体，他们用仪式舞蹈和歌曲来庆祝军事运动季节的开幕和结束。约公元前30～前10年在罗马制造，高64.7厘米，由两个罗马自由民鲁弗斯和安修斯保存。这是大英博物馆收藏品中杰出的罗马肖像的经典之作。

▼ 女战士青铜阅兵面具

公元2世纪在罗马制造，高24.9厘米。在诺拉的一个坟墓里被发现，当时这个面具罩在一具骸骨的脸上。阅兵面具用于士兵演练，据说士兵带上女性的面具来代表亚马逊女战士。

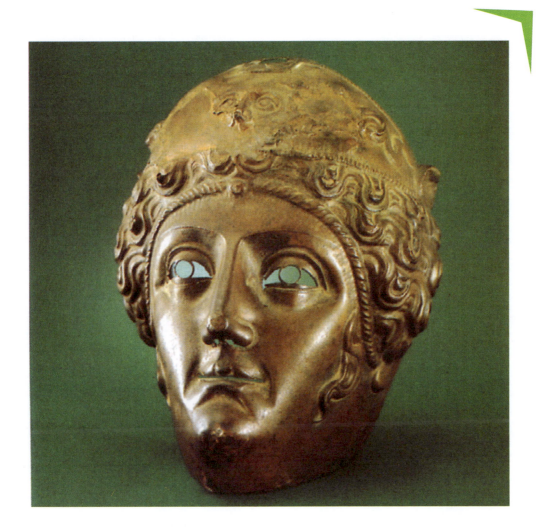

希腊化的艺术品

　　大英博物馆有世界上最好的古罗马系列收藏品，几乎覆盖了古罗马艺术的各个方面。藏品中有特别丰富的来自地中海东部的纪念雕像，其中大部分是古典时期和希腊化时期的风格。可从中看出古罗马人毫不犹豫地对希腊文化进行继承，并且将其发扬光大。

▼ 灵缇犬

一对一公一母灵缇犬，正在玩耍。雌犬脖子上的印痕显示曾有金属项圈存在。公元 1 世纪或 2 世纪，大理石制，高 65 厘米。1774 年在靠近古拉努维姆的蒙地卡诺洛被发现，由英国收藏家查尔斯·汤利收藏。此件和他所收藏的许多雕塑一样，在 18 世纪做了修复。

▼ 赫拉克勒斯雕像的头部

这尊巨大的雕像是大理石制品，高 73.6 厘米，制作于公元 120 ～ 150 年。1764 年发现于哈德良皇帝在蒂沃利的城堡。18 世纪经修复后被接在一个石肩体上。

他是谁？

赫拉克勒斯

赫拉克勒斯是希腊神话中最著名的英雄之一。主神宙斯与凡间皇后阿尔克墨涅之子。他神勇无比、力大无穷，完成了十二项被誉为"不可能完成"的伟绩，还解救了被缚的普罗米修斯，隐藏身份参加了伊阿宋的英雄冒险队，协助伊阿宋取得了金羊毛。他死后灵魂升入奥林匹斯圣山，成为大力神。

罗马艺术品市场的兴盛

18 世纪中期，古罗马的艺术品被意大利的大家族的潦倒后裔们拆散并出售。当时正在为其古典风格家居寻找装饰品的英国贵族们成了大买家。为了满足需求，艺术家加文·汉密尔顿开始"挖掘"古罗马遗址，包括哈德良皇帝（76～138 年）在蒂沃利的城堡，以及另一个靠近拉努维姆（属于安东尼乌斯·皮乌斯）和奥斯蒂亚的城堡。对这些支离破碎的雕塑的修复，使皮拉内西、巴尔托洛梅奥·卡瓦萨皮等雕塑家成为古董修复业的成员。

 **背后的故事** ▏▏

汤利的巨大收获

1768 年，英国人查尔斯·汤利（1737～1805 年）参观了罗马和佛罗伦萨，他在意大利南部和西西里旅游的时候认识了著名的收藏家威廉·汉密尔顿爵士。大约在 1768 年，他以一尊先前被称为"食人者"的雕塑开始了自己的系列收藏。此后，他收藏了大量的罗马雕塑珍品，包括《掷铁饼者》、克丽蒂胸像，还有很多硬币、珠宝和绘画。

▶ 《掷铁饼者》

现在所遗留下来的一部分古希腊时期的雕塑，其实都是罗马时期的摹制品。《掷铁饼者》就是古希腊雕塑家米隆制作的青铜雕塑（约作于公元前 450 年）的罗马大理石复制品。这尊雕塑 18 世纪发现于哈德良皇帝在蒂沃利的城堡。断裂的头部被阿尔巴西尼错误复原，它本应该转过去看着铁饼。制作于公元 2 世纪，高 1.7 米。

帕克大街上的聚会

回到英国的查尔斯·汤利住在威斯敏斯特的帕克大街。他在屋子里排列重组他的雕塑。与同时代的其他收藏者不同的是，查尔斯·汤利不仅仅把自己的收藏品看作装饰品，而且对它们怀有学术兴趣，给它们编目分类。还发表过一篇关于罗马占领时代的英国罗切斯特的头盔的论文。

 **背后的故事** ||||||||||||||||||||||||||||||||||||||||||||||||||

客厅中的雕塑展

在汤利的餐厅内，最大的雕塑对称地摆放着，其中有"汤利的维纳斯"——汤利陈列馆中最主要的美丽作品之一，略微大于真人，臀部裹着衣幔。该件 1775 年在位于奥斯蒂亚的罗马皇帝克劳狄的公共浴池遗址被发现。喜剧、田园诗女神塔利亚和狩猎女神狄安娜的雕像放在壁炉侧面的凹室里。雅典娜和宙斯的头像分别放在壁炉架的两边。汤利试图让这个房间传递出酒神节的气氛。周日，汤利还举办餐会，以款待如艺术家乔舒亚·雷诺兹爵士、约翰·佐凡尼和雕塑家诺勒肯斯等客人。学生、鉴赏家，甚至仅仅有好奇心的人都被允许自由参观这些收藏品。

▶ **查尔斯·汤利在家中**

在帕克大街的家中，汤利坐在按其理想摆放的雕塑中（画面右前），图上还有法国理论家皮埃尔·弗朗索瓦·休斯格（坐在中间位置），"他在解释古代艺术品时表现出的学识和睿智与选择它们时所作出的判断水平不相上下"。汤利的朋友查尔斯·格莱威勒和托马斯·艾斯勒（站在后方）。由约翰·佐凡尼（1753～1810年）绘制，现藏于英国兰开夏郡伯恩利的汤利美术馆，1027毫米×990毫米。

背后的故事

"我必须照顾我的妻子"

　　克丽蒂胸像于 1772 年在那不勒斯购自劳伦萨诺王子，是查尔斯·汤利最喜欢的雕像。据说，由于汤利是罗马天主教徒，他被迫在血腥的戈登骚乱时期（1780 年）逃离伦敦，当时他关严了珍宝柜，抱着克丽蒂胸像离开了自己的房子，声称"我必须照顾我的妻子"。最后，他依依不舍地看了一眼那些大理石雕塑，因为怕再也见不到它们了。

▶ 克丽蒂胸像

这尊美丽的女人的胸像可能是安东尼娅的雕像，她是安东尼和奥克塔维娅的女儿，格马尼库斯和皇帝克劳狄的母亲。大理石制，高 50.8 厘米。制作于公元 40 ~ 50 年，18 世纪可能经过重新雕琢。"克丽蒂"这个名字取自一个被阿波罗拒绝后变成花朵的仙女。

你知道吗?

Q：罗马有一个为酒神巴库斯举行的节日叫什么?

A：酒神节。

背后的故事

汤利藏品的最终下落

　　人们预计汤利会将其收藏品遗赠给大英博物馆。但是在他去世前，汤利在遗嘱里把收藏品留给了家人。但他的家人无法支付高昂的管理费用，最后还是将雕塑送到了大英博物馆，并使自己在董事会占有一席之地。大英博物馆为他的藏品专设了一个陈列馆，命名为"汤利馆"，1808 年由夏洛特女王举行仪式后开放。1814 年，汤利收集的青铜像、硬币、珠宝和绘画曾以 8200 英镑的价格售出。现在，随着沃尔夫森美术馆的开放，这些收藏品再次被集中到一起，虽然摆放形式与在帕克大街时不同，但是仍然给参观者提供了欣赏这位 18 世纪收藏家藏品的机会。

▶ 汤利的部分雕塑藏品

从左至右：半人半羊神的雕像，都是大理石制品，作于公元 1 世纪或公元 2 世纪早期。逃离半人半羊神的仙女，大理石复制品，制于公元 2 世纪（原作为公元前 2 世纪或公元前 1 世纪），1772 年在蒂沃利附近被发现。酒神巴库斯和人形化的葡萄藤，制于公元 150 ～ 200 年，1772 年在罗马附近的拉斯道达发现。

瓶身窥奇

> "除了阿波罗、尼俄伯和其他两三个一流的大理石像之外，"英国收藏家威廉·汉密尔顿爵士于1786年写道，"我不相信还有任何现存的古董是被如此伟大的艺术家创作的。"他提到的古董就是波特兰瓶，一件精心雕刻的罗马浮雕器皿，极深的钴蓝色玻璃上覆盖着不透明的奶白色玻璃。

 背后的故事 ||||||||||||||||||||||||||||||||||||||||||||||||||||||||||||||

谁制作了波兰特瓶？

波兰特瓶的制作者可能是亚历山大港的一位工匠，因为亚历山大港是古代制作玻璃器皿最重要的中心之一，而且这种浮雕技术被认为源自那里。蓝色玻璃瓶身先被吹到只有3毫米那么薄，然后覆盖上一层差不多薄的白色玻璃，高度刚刚超过瓶肩的位置。这样完成后，安上玻璃棒制成的把手，然后就开始了费尽心思的雕刻过程。当瓶子于17世纪第一次为世人所知的时候，原先的底座似乎被人切掉了，取而代之的是一个平碟子，它看上去在颜色、风格、大小和技法其方面都显得不是原瓶的一部分。

你知道吗？

Q：雕塑的基本形式有哪几种？

A：圆雕、浮雕和透雕（镂空雕）。

▶ **波特兰瓶**

制作于奥古斯都（公元前27～公元14年）或者提比略（公元14～37年）统治时期，罗马时代留存下来的最好的玻璃器皿之一。瓶身所雕刻的画面被认为是人类英雄珀琉斯追求海洋女神忒提斯的场景。高24.5厘米（在被毁之前）。

瓶上的神话故事

如何解释波特兰瓶上描绘的场景？许多年来，这个问题一直考验着考古学家们的智慧和想象力。进化论奠基人查尔斯·达尔文的祖父——医学家、植物学家伊拉斯谟·达尔文在《植物园》（1791年）中诗意地描述了这个场景：

在柱子和拱廊之间，

在浇铸的石头上、落叶的树阴下，

坐着处于难解的焦虑中的人，

严肃地深思着他们多变的状况……

其他学者也从古希腊神话中列出了一长串名字，试图还原一个关于尘世、幽灵、神圣的爱和永生的故事。

◀ 忒提斯

忒提斯是涅柔斯和多丽斯的女儿，她斜靠在一块石头上，坐在爱神阿芙罗狄忒和婚姻之神许墨奈俄斯之间。从她指间滑落的火炬显示当时是夜晚，她快要睡着了。

他是谁？

海洋女神忒提斯

她是海神涅柔斯和海洋女神多丽斯的女儿。宙斯和波塞冬都追求过她，后来她嫁给了帕琉斯，并生下儿子阿喀琉斯。因为她的婚礼唯独没有邀请不合女神厄里斯，厄里斯便发起了疯狂的报复。厄里斯偷偷把一只金苹果扔落在欢快的客人中间，引发了"金苹果事件"，这也是特洛伊战争的导火线。

罗马婚礼的礼物

现在通常认为该瓶子表现了爱琴国国王艾亚哥斯的儿子珀琉斯向海洋女神忒提斯求爱的情景。珀琉斯和忒提斯结合后生下阿喀琉斯。其他五个人被认为是小爱神厄洛斯、忒提斯的母亲多丽斯或者她的祖母泰西斯、一个长胡子的海洋之神（要么是多丽斯的丈夫涅柔斯，要么是泰西斯的丈夫俄刻阿诺斯）、爱神阿芙罗狄忒、婚姻之神许墨奈俄斯。虽然这个瓶子一度被说成是骨灰瓮，但上面提到的相关人物给了它一个快乐的来源，因为它很可能是作为一个罗马婚礼的礼物而被制成的。

▲ 爱神阿芙罗狄忒

◀ 珀琉斯

在阿芙罗狄忒的神殿中，他由厄洛斯引领着向前走，同时受到一位带着海龙的女神（多丽斯或者泰西斯）的鼓励。

你知道吗？

Q：希腊神话中的美神和智慧女神分别是谁？

A：美神是阿芙罗狄忒，智慧女神是雅典娜。

几易其主命运多舛

　　波特兰瓶曾几易主人，而且似乎都没有给主人们带来好运，先是一位公主，由于牌术不佳，输光了其家族剩下的全部财产，包括这只瓶子。随后收藏家威廉·汉密尔顿爵士以 1000 英镑的价格买下，不久因为经济窘迫又以 1890 英镑的价格卖给了一位女公爵，女公爵在得到这个瓶子之后的第二年（1785 年）就去世了。她珍爱的收藏品在拍卖会上被拍卖，她的儿子——第三代波特兰公爵以 1029 英镑将其买下。

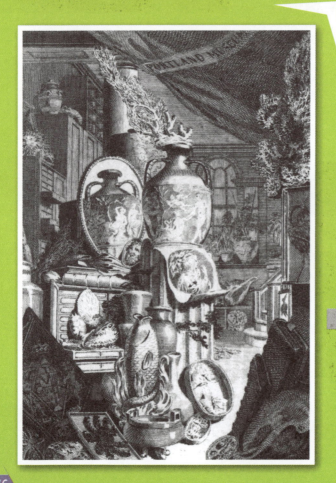

▶ 波特兰女公爵收藏品拍卖册的卷首插画

1786 年，波特兰瓶由波特兰女公爵的儿子（第三代波特兰公爵）买下。

▼ 威廉·汉密尔顿爵士 (1730～1803 年)

一位外交官、火山学家、古董收藏家。汉密尔顿在罗马得到波特兰瓶，瓶子经由他到了波特兰女公爵手中。此图是根据乔舒亚·雷诺兹绘制的画像所作的版画。

破碎与重生

> 1810 年，波特兰公爵将瓶子借给了大英博物馆，1845 年 2 月 7 日，就在关门之前，瓶子和盛放它的柜子被砸碎了。碎片经过修复，今天依然陈列在博物馆。尽管波特兰瓶命运多舛，它仍然被认为是罗马时代幸存下来的最好的玻璃器皿之一。

背后的故事

修复波特兰瓶

波特兰瓶碎裂之后，提供修复方法的信件如潮水般涌来。最后，经过公爵选择，碎片移交给了大英博物馆的文物修复者约翰·道布尔迪。他勤勉地工作到 1845 年 9 月，波特兰瓶终于再次展出，虽然没能恢复原先的光辉，至少外观上并无大碍了。

▶ **破碎的波特兰瓶**

1845 年，就在瓶子损坏后不久，大英博物馆的修复者约翰·道布尔迪所作的水彩画。

你知道吗?

Q：玻璃在中国古代的记载中又被称为什么?

A：琉璃、颇黎、药玉、瓘玉

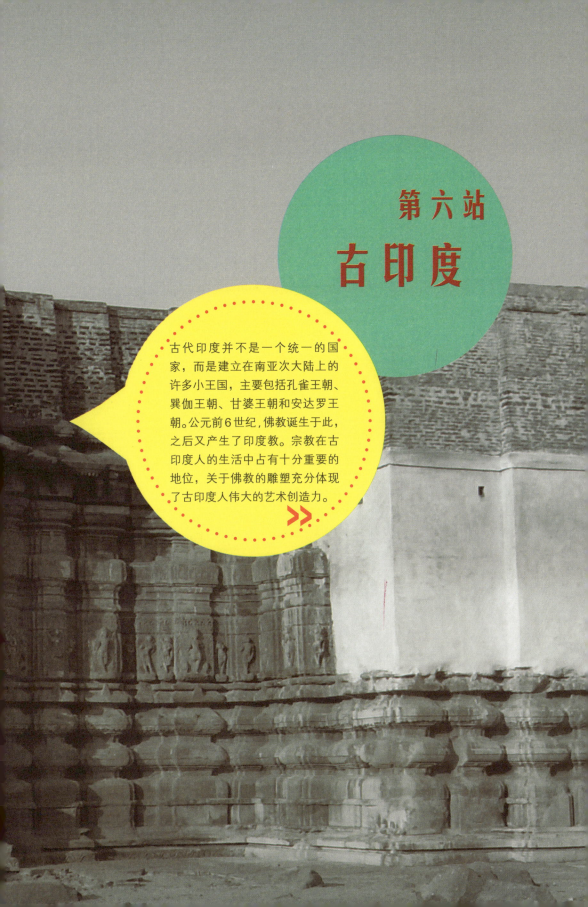

第六站

古印度

古代印度并不是一个统一的国家，而是建立在南亚次大陆上的许多小王国，主要包括孔雀王朝、巽伽王朝、甘婆王朝和安达罗王朝。公元前6世纪，佛教诞生于此，之后又产生了印度教。宗教在古印度人的生活中占有十分重要的地位，关于佛教的雕塑充分体现了古印度人伟大的艺术创造力。

»

全印度最美的佛塔

今天印度南部安得拉邦的贡土尔地区有座古城——阿摩罗婆提，曾是古印度安达罗王朝的都城。阿摩罗婆提的大多数佛塔建于公元 2～3 世纪。佛塔的穹顶微微泛着白光，高 18 米，直径 40 米，但最令人惊愕的还是塔上成百上千的石刻小雕像。这些雕像刻工精美，堪称公元 2 世纪佛教世界最美的艺术品。

 **背后的故事**

玄奘的历史见证

公元 5 世纪左右，佛教失去了在安达罗王朝的统治地位，但是并未衰亡。中国僧人玄奘在公元 7 世纪前叶来到这里时曾看到：虽然当地的大多数佛寺已无香火，却仍有一千多名僧人维持着 20 座寺庙，佛塔经修葺保存完好。

有关佛塔的记载还出现在阿摩罗婆提的一座供奉印度神湿婆的寺院中，有一根柱子上刻着铭文，赞颂"佛陀的参天高塔"（公元 1182 年）；另有一处铭文中也提到了这座佛塔（公元 1234 年）。有关该佛塔的记载最晚见于斯里兰卡噶达拉德尼亚的一处崖刻铭文中（公元 1344 年）。从 14 世纪到 18 世纪末，虽然阿摩罗婆提常见于当地文献中，但是都没有提及佛塔。

你知道吗?

Q：佛塔在佛教中有何意义？

A：佛塔最早是用来供奉佛祖舍利的，后为成佛的象征。

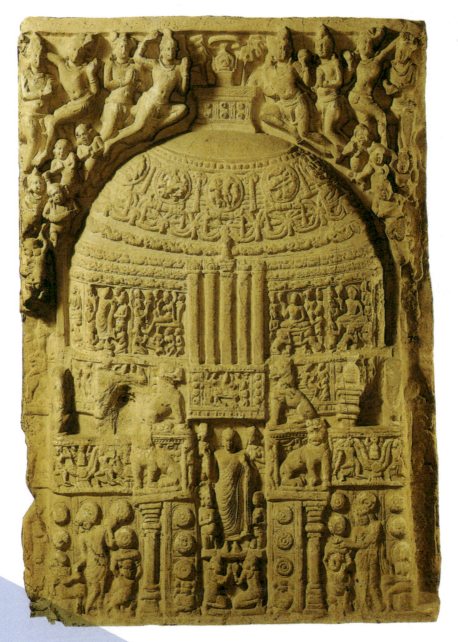

▲ **佛塔浮雕局部**

石灰石壁上的浮雕充满了勃勃生机，有男人和女人、侏儒和巨兽、鲜花和大树、多头蛇和各种神话人物、马和受惊的牛、跪着的象、乐师，在晚期雕刻中还出现了佛陀的各种化身，表情肃穆安详。据推测，阿摩罗婆提佛塔的石碑外围有一圈直径58.5米、有着精美雕刻的石墙和136根高2.74米的柱子。

佛塔重现

1796年，统治当地的王公决定在阿摩罗婆提的湿婆寺旁另建一座新城。迁到新城后，他发现城郊有很多圆丘可以取砖建房。在取砖时人们意外发现了精美的雕刻残片，王公以为这里埋有财宝，便下令深入发掘。然而，这次寻宝几无所获，只找到一个舍利匣。然而，消息还是不胫而走。

 **背后的故事** ||||||||||||||||||||||||||||||||||||||||||||||||||||||||

麦肯齐上校寻宝记

英国的麦肯齐上校当时就在阿摩罗婆提附近，他学习过文物知识，热衷于古董收藏。1797年，他听闻王公发现宝藏的消息后，在一个月夜奔赴阿摩罗婆提。他此行看到的只是一鳞半爪，却盖过了之前所有的见识，这令他大感惊讶。他记录道：

> 靠近村子的南面有一座直径27米的圆丘，由大块石砖包裹，砖面上仍能见到石刻。最上乘的石雕被安置在佛塔中……圆丘被称作"佛灯山"。佛塔的正方形中室内南北向卧着一条白石，千年岁月已经使它变得非常暗淡，石面上有5到6个人物，昏暗中依然能辨明这些人物是坐在椅子上的。

1816年3月，麦肯齐上校以马德拉斯文物总调查员的身份重返阿摩罗婆提，致力于精心绘制遗址图并制定详细的发掘计划。此时遗址已经遭到进一步破坏——王公在圆丘顶部掘了个蓄水池。

在麦肯齐运出大批雕塑后，19世纪后半叶，相继又有沃尔特·埃利奥特爵士和罗伯特·修厄尔在此地发掘出大量的石雕残片。

▲ 佛诞

这是阿摩罗婆提佛塔的第 44 号浮雕。今天，当你在大英博物馆见到这些雕塑时，就会理解发掘者之一罗伯特·休厄尔的评价——"这是雕塑艺术达到的完美和精湛的最高境界"。

精美的印度神像

印度教是印度现在的第一大宗教，它是在 8 世纪的时候形成和发展起来的。印度教是由婆罗门教和佛教产生出来的一个新教。印度教有三大主神，分别是梵天、毗湿拏、湿婆。随着印度教的不断发展，一批十分精美的印度神像也相继出现，被视为世界瑰宝。

◀ 湿婆的神妃帕尔瓦蒂

温柔美丽的帕尔瓦蒂是喜马拉雅山的雪山女神，她与湿婆之间的爱情故事是古印度文化里最动人的篇章之一。她还有两个化身：好战、强势的一面使她变成女战神杜尔迦，即难近母；而嗜血、邪恶的一面叫伽梨，即黑暗七母天之一的左闷拏。图为左闷拏坐在一具死尸上，戴着头骨做成的项链，拿着盛血的杯子。原料为砂岩。于 9 世纪制作于奥里萨邦。高 1.19 米。

背后的故事

一个"印度人"的珍藏

1777 年 2 月，19 岁的查尔斯·斯图尔特离开爱尔兰来到印度。他热情地向这个国家的人学习语言、礼仪和习俗，他和他们的亲密程度为他赢得了"印度人"斯图尔特的美誉。通过和当地人大量交流，他熟知他们的故事、传说和宗教，并得到了很多信息和经验，开始了对印度神像的收藏。这些非凡的印度神像收藏品，最终集中在他位于印度加尔各答市的房子里。

据说，斯图尔特娶了一个印度教教徒为妻，他每日在恒河沐浴。他的行事作风让同时代的欧洲人难以理解，甚至他死后仍继续不循常理——在加尔各答的基督教的墓地中，他的安息地看上去像一个微型印度教寺庙。

▶ **迦尼萨**

迦尼萨是湿婆神和帕尔瓦蒂的长子，十八伽蓝神之主，侍候湿婆的半神。他长着象头，身躯肥胖，是"清除障碍者"，他帮助信徒满足愿望。原料为片岩，于 13 世纪制作于印度的奥里萨邦。高 1.2 米。

你知道吗？

Q：在印度教中，湿婆是什么神灵？

A：毁灭之神，兼具生殖与毁灭、创造与破坏的双重性格，他呈现各种奇谲怪诞的不同相貌。

诞生于眼泪的女神

佛教大约于公元前 3 世纪从印度传到斯里兰卡，它有很多分支。在大乘佛教中，菩萨是决心变成佛陀的修行者，他们依靠自己的力量，推迟自己最终成为佛陀的时间，以解救受苦的众生。虽然斯里兰卡的佛教和语言来自印度北部，但是对其艺术发展带来主要影响的，还是阿摩罗婆提东部和印度南部。

◀ **度母菩萨像（局部）**

在大乘佛教中，观世音菩萨是如来佛的弟子之一，他为普度众生而存在。他不会忽略任何一个受苦的人的呼唤。在他为这个世界的苦难而流下的眼泪中，诞生了度母菩萨。她具有双重性格，可怕而温柔。

他是谁？

罗伯特·布朗里格爵士

（1759～1833 年）

雕像的捐赠人，作为军人，他曾任职于美国、荷兰和斯里兰卡。在斯里兰卡他待到 1820 年，之后回到家乡英国。十年后，他将镏金的度母菩萨青铜雕像捐献给了大英博物馆。

背后的故事

田野中的度母菩萨

　　这尊让人难以忘怀的美丽雕像大约于公元 10 世纪制成。发现雕像的确切地点从来没有被报告过，它似乎与任何知名的寺庙和遗址也都没有关联。大英博物馆有个口头惯例，称其"在田野中被发现"。这种解释不无道理，因为经过对青铜表面的检查，证实它曾经被埋入土中。来自斯里兰卡和印度南部的重要的青铜雕塑，很多都是在田野等处不经意间被人发现的。

▶ **度母菩萨的镏金青铜像**

这尊美丽的、经过精心制造的镏金青铜菩萨像，制作于约公元 10世纪，高 1.45 米。于 19 世纪从锡兰（即现在的斯里兰卡）来到大英博物馆。它几乎同真人一般大小，形象简单朴素，头发上曾经插着一件珠宝，现已丢失。

你知道吗？

Q：在中国，度母菩萨还被称为什么？

A：多罗菩萨，也叫多罗观音。

阿兹特克帝国

13 世纪早期，阿兹特克人到达墨西哥盆地，占领了居住在那里的托尔特克人的都城特诺奇蒂特兰。令人惊叹的阿兹特克文明在鼎盛时期被西班牙殖民者摧毁。在大英博物馆中，你可以找到这个消失的帝国曾经极度辉煌的证据。 »

伟大珍宝的稀有存品

16 世纪初，伟大的阿兹特克帝国落入了欧洲侵略者的手中。从那里被送到欧洲的珍宝几乎没剩下什么——黄金被熔化，贵重石头被重新安到了别处，大部分羽毛制品和纺织品都损坏了。只有一些价值较小的马赛克制品被保留了下来，它们提醒我们，这个消失了的帝国曾经是何等富裕。

▲ 双头蛇形的头饰或胸饰

用木头雕刻而成，表面覆盖着绿松石马赛克。蛇的齿龈、鼻孔用红贝壳做成，牙齿则是白贝壳。它的背面也是马赛克，高 17.8 厘米。

背后的故事

黄金之地的奇珍

　　1521 年，德国艺术家阿尔布雷特·丢勒在布鲁塞尔看到被西班牙殖民者掠夺来的一批阿兹特克帝国的珍宝，里面可能有今天存于大英博物馆的马赛克制品，他表达了欧洲人看到这个奇迹时的感受：

　　　我看到了从新的黄金之地送到国王那里的东西——一个纯金的太阳，1.8 米宽，一个纯银的月亮，同等大小，还有两屋子珍奇的服装、床幔，精美的盔甲、弓箭等武器，以及各式各样用途迥异的美好物品，让人看了无法不感到惊奇。在我生命中的所有日子里，除了它们，没有能让我的心如此欢喜的东西了。因为我看到的陌生而又绝妙地制作出来的物品，使我对遥远大陆上有如此敏锐而天才的人感到惊奇。

你知道吗？

Q：你知道"墨西哥"在阿兹特克语中的含义吗？

A："墨西哥"在阿兹特克语中的意思是战神指定的地方。根据神谕，阿兹特克人如果看到一只鹰站在仙人掌上啄食一条蛇，那就是他们定居的地方。墨西哥国徽上鹰啄蛇的图案即源于此。

七个世纪前的非凡技艺

十九世纪末，美国收藏家亨利·克里斯蒂向大英博物馆遗赠了多达 10000 件收藏品，其中最珍贵的一组米斯特克－阿兹特克的绿松石马赛克制品。微小的绿松石和其他石头碎片被技艺娴熟的工匠嵌入木胎上的树脂中（还有一件是装饰在人的头骨上）。可能是米斯特克人而不是阿兹特克人在七个世纪前用铜和火石制造了它们。

◀ 羽蛇神或者太阳神托纳提乌的面具

面具上分散的不规则形状的马赛克可能即为太阳神象征。眼睛由珍珠贝制成，牙齿则是白色贝壳。高 16.8 厘米。

背后的故事

阿兹特克的远祖之神

阿兹特克人有一个传说,说墨西哥盆地中有他们的远祖之神——一个皮肤苍白、留着胡子的托尔特克神,也称羽蛇神。托尔特克文化大约可追溯到公元800~1000年间的美洲中部地区,后来的阿兹特克人认为自己是托尔特克文化的继承者,阿兹特克的口头传说和图画也经常描写托尔特克帝国历代统治者的事迹。

现今,羽蛇神仍然是中美洲各民族普遍信奉的神,是墨西哥人民十分尊敬的神。在传说中,羽蛇神主宰着晨星,发明了书籍,制定了法律,并且给人类带来了玉米。羽蛇神还代表着死亡和重生,是祭司们的保护神。

他是谁？

亨利·克里斯蒂（1810~1865年）

人种学家、旅行家、纺织品生产商、银行家、地质学家、考古学家。他向大英博物馆捐赠了3个高品质阿兹特克马赛克面具珍品、大量人种学收藏品及考古学收藏品。

你知道吗？

Q：米斯特克人有哪些文化？

A：米斯特克是位于墨西哥南部的中美洲古代文明之一。米斯特克人在阿兹特克和前阿兹特克时期曾具有高度的文明。米斯特克人有大量的镶嵌制品,如木底镶嵌绿松石、玉石做成的面具,还有黑曜岩的雕刻。米斯特克的文化对其后的文化有很大的影响,其手抄本风格直接影响了阿兹特克人。

带来毁灭的"羽蛇神"

根据阿兹特克人的传说，羽蛇神将会在一个回归年从东方归来，宣称土地为其所有。1519 年，当西班牙殖民者埃尔南·科尔特斯率军队抵达阿兹特克首都特诺奇蒂特兰附近时，正值一个回归年。当时阿兹特克被国王蒙特苏马二世统治，曾经有十年处于奇怪和不祥的事件中。阿兹特克人认为这些外来的陌生人便是羽蛇神，蒙提祖马派使节去入侵者那里献上属于羽蛇神的祭品。然而，这位"羽蛇神"带给阿兹特克人的却是黑暗与毁灭。

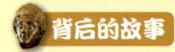 **背后的故事**

被洗劫的特诺奇蒂特兰

阿兹特克的使节们带着五彩缤纷的羽毛制品、黄金饰品、用羽毛和贵重石头镶边的白布，来到科尔特斯面前。他们亲吻了他的船的甲板，把一个王冠和面具放在他的头上，在他脖子上套上了贵重的石头和黄金制成的项圈，又在他的左臂放了一个盾。这勾起了西班牙人对黄金的热情。科尔特斯和他的军队挺进到阿兹特克首都——特诺奇蒂特兰。那里估计有 15 万人口——它比西班牙人以前在欧洲看到的任何地方都宏大、干净、引人入胜。西班牙军队残忍地屠杀了手无寸铁的阿兹特克贵族，并杀死了蒙特苏马二世。

他是谁？

蒙特苏马二世

（约 1475 ~ 1520 年），阿兹特克帝国第 9 代统治者。他从 1502 年开始执政，曾经一度称霸中美洲，最后却被西班牙的征服者埃尔南·科尔特斯所杀害，导致阿兹特克文明的覆灭。

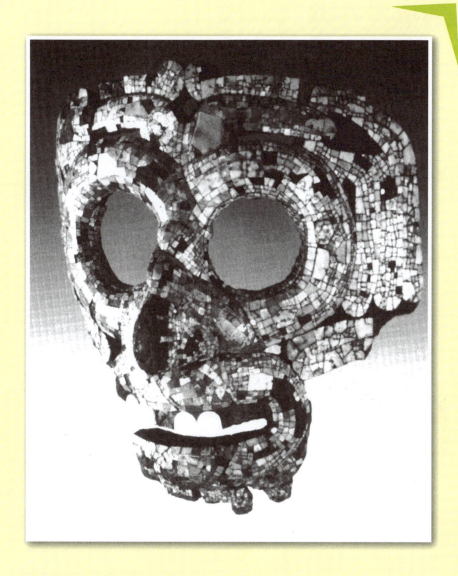

▲ 绿松石马赛克面具

这是蒙特苏马二世送给克尔特斯的祭品之一。"这个面具上用同样的石头制作出扭曲缠绕的蛇。蛇身在鼻部叠合，尾巴和头部分开，头和身体的一部分在一只眼睛上形成眉毛，尾巴和身体的一部分穿过另外一只眼睛，成为另一道眉毛……"（来自伯纳狄诺·迪萨哈冈神父在阿兹特克被占领后所撰写的目击报告）。高17.8厘米。

西班牙人的"伤心之夜"

　　我们不知道蒙特苏马二世和他数量上占绝对优势的阿兹特克人为什么没有攻击西班牙人，也许他被不祥的预兆和羽蛇神回归的传说影响了，也许他想从容地与侵略者打交道。1520年7月，特诺奇蒂特兰终于爆发了一场针对西班牙人的起义。在一个黑暗、风雨交加的夜晚，很多西班人因争抢财宝而死，剩下的西班牙人奋力穿越堤道撤退。阿兹特克人抓住部分西班牙人，将他们作为祭品献给了神灵。

▲ 祭奠用刀

刀刃为玉髓，刀把为木头雕刻的蹲伏着的"鹰骑士"，由绿松石，孔雀石，白、粉、紫、橙色贝壳和一些珍珠贝壳组成的马赛克覆盖。长31.7厘米。阿兹特克人进行多种形式的活人祭祀，最典型的是从活人的体内取出尚在跳动的心脏。

▶ 祭祀头骨

这是个30岁男子的头骨，放在祭品架上，穿有悬挂用的皮绳。上面镶嵌着绿松石和褐煤制成的马赛克片，头骨内部覆有柔软的皮革。眼睛则是由两个白贝壳环包裹着的磨制光亮的铁球。高20.3厘米。其形象可能源自泰兹卡特利波卡神，他是黑夜的主宰，总在冒烟的镜子中现身，以残暴好斗而闻名。

血腥的屠城

1521 年，科尔特斯和他的军队经过了 9 个月的重新编组，回到特诺奇蒂特兰进行野蛮的报复。面对西班牙的大炮和火枪，阿兹特克战士奋勇抵抗，最后连妇女和儿童也参加了战斗。但是，阿兹特克人最终未能守住自己引以为傲的首都。攻城战持续了 93 天后，断水缺粮且瘟疫横行的特诺奇蒂特兰城最终被科尔特斯攻克。后来在废墟上重新建立的城市，就是现在的墨西哥城。

◀ **米斯特克手抄本**

大英博物馆所藏的米斯特克手抄本。图中人物身着带有头骨的服装。米斯特克人留下大量手抄本，其风格为平涂的色彩、无透视感，绘画色彩很美，造型生动。

 背后的故事 |||||||||||||||||||||||||||||||||||||||||||||||||||||

文明的浩劫

阿兹特克被攻占后，有一位目击者写了一篇长诗《特诺奇蒂特兰被围的最后几天》（现珍藏于巴黎国家图书馆），记录了这场文明的浩劫。诗中写道：

大路上满是折断的箭簇，

撕掉的头发散落各处。

房子被掀去了屋顶，

墙壁被鲜血染红。

············

所有这些发生在我们身上，

我们看见了它，

我们感到惊异，

在这悲哀的命运下，

我们看见自己承受折磨……

黄金、翠玉、贵重的衣裳、

美丽的鸟尾羽毛，

曾经珍贵的一切，

都已化为乌有。

你知道吗?

Q：龙舌兰和玉米对阿兹特克人有什么特别的意义?

A：它们被当作神灵的象征受到崇拜。

上天入地最世界

· LIST ·

带你上天入地，开始一场疯狂探险！

全世界最炫、最酷、最美的科普人文宝藏

这里有浩瀚的太空、神秘的黑洞、风姿绰约的树木、人类从古至今的建筑奇迹。你还将踏上载入史册的探险历程，走近伟大的科学家，漫步大英博物馆，欣赏珍贵的藏品。在全世界最经典的著作中，发掘人类智慧的宝藏。

图书在版编目（CIP）数据

最珍贵！大英博物馆馆藏珍品 /（英）凯吉尔著；陈早，欧阳遥鹏译 . – 北京：北京联合出版公司，2015.2

（上天入地最世界）

ISBN 978-7-5502-2498-8

Ⅰ .①最… Ⅱ .①凯… ②陈… ③欧… Ⅲ .①博物馆—介绍—英国 Ⅳ .① G269.561

中国版本图书馆 CIP 数据核字 (2013) 第 311248 号

版权贸易合同登记号
图字：01-2014-3095

最珍贵！大英博物馆馆藏珍品

策　　划：英特颂·阎小青
责任编辑：徐秀琴
特约编辑：刘　婧　邹玉颖
美术编辑：刘　剑　宋春利
封面设计：刘　剑　徐　骋

北京联合出版公司出版
（北京市西城区德外大街 83 号楼 9 层　100088）
江阴金马印刷有限公司印刷
全国新华书店经销
字数 112 千字　720 毫米 ×1000 毫米　1/16　7 印张
2015 年 2 月第 1 版　2015 年 2 月第 1 次印刷
ISBN 978-7-5502-2498-8
定价：25.00 元